Jürgen Plötz

25 JAHRE
AUF
64 FELDERN

Döntjes aus dem norddeutschen Amateurschach

Bibliografische Information der Deutschen Nationalbibliothek:
Die Deutsche Nationalbibliothek verzeichnet diese Publikation in der
Deutschen Nationalbibliografie; detaillierte bibliografische Daten sind im
Internet über http://dnb.dnb.de abrufbar.

© 2021 Jürgen Plötz

Kontakt: juergen.ploetz@gmx.de

Diagramme: Erstellt mit ChessBase

Herstellung und Verlag: BoD – Books on Demand, Norderstedt

ISBN: 978-3-7534-4435-2

Meiner Frau Andrea,

die mein Leben seit 23 Jahren bereichert

Inhaltsverzeichnis

Warum dieses Buch?

In den deutschen Schachvereinen gibt es über 90.000 Mitglieder, deren Spielstärke mehr oder weniger durchschnittlich ist. Trotzdem gehen sie alle begeistert ihrem Hobby nach, erleben dabei sportliche Höhen und Tiefen und erringen ihre eigenen persönlichen Erfolge: ein hübsches Mattbild, ein hart erkämpftes Remis in einem schwierigen Endspiel oder ein überraschender Punkt gegen einen vermeintlich übermächtigen Gegner.

Größere Aufmerksamkeit erringt das alles nicht. Zum einen ist Schach nicht sonderlich publikumswirksam und auch in anderen Sportarten stehen nur die Akteure oberer Leistungsklassen im Mittelpunkt des Interesses. Ich habe selber ein Vierteljahrhundert diesem Hobby gewidmet, bevor andere Freizeitinteressen ihrer zeitlichen Tribut einforderten - ein Marathonlauf ist zwar manchmal schneller beendet als eine Schachpartie, braucht aber eben auch seine Zeit.

Trotzdem denke ich immer wieder an besondere Momente dieser Zeit zurück und suche in ruhigen Stunden auch mal die eine oder andere Partie „von damals" heraus. Das geschieht aber eher unstrukturiert und immer mit dem Hintergedanken, dass man doch eigentlich irgendwann mal... Aber vielleicht geht es anderen genauso? Und wieso veröffentlichen eigentlich nur Schachgenies ihre „60 denkwürdigen Partien" oder „Meine besten Kämpfe"?

Daher habe ich nun endlich mal aus jedem Kalenderjahr meiner durchschnittlichen Laufbahn jeweils eine Partie herausgesucht und ein bisschen kommentiert. Der Schwerpunkt liegt dabei mangels schachlicher Qualität vor allem auf den Begleitumständen, welche die jeweilige Partei für mich nie ganz aus dem Gedächtnis verschwinden ließen. Und vielleicht wecken sie ja in dem einen oder anderen die Erinnerung an seine eigenen persönlichen Sternstunden...

"TSV Kronshagen"

Runde Nr. 2   Brett Nr. 1   Partie Nr.
Veranstaltung: VL - Mitte : Kronshagen   Datum: 3.11.91
Weiß: Schwarz:
Eröffnung: Damengambit

1	d4	Sf6	21	Te5	Sc6
2	c4	e6	22	Sf5	
3	Sc3	d5	23	Td1	
4	cd	ed	24		
5	Lg5	Le7	25		Lc6
6	e3	0-0	26	Se2	
7	Ld3	c6	27		
8	D:2	h6	28		
9	Lh4		29		Ld7
10	Sge2	10	30		30
11	0-0	Se4	31		
12	Le7:	De7:	32		
13	Ta:1	Sd:6	33	1	0
14	f3	Sg5	34		
15	Sg3	c5	35	1:55	1:57
16	Lb5	Td8	36		
17	Df2	a6	37		
18	Ld3	b5	38		
19	Lb1	cd	39		
20	ed	20	40		40

1. Jugendschach

Wie viele Dinge im Leben begann eigentlich alles mit einer harmlosen Frage: „Herr Langenfeld möchte eine Schach-AG gründen. Bist Du dabei?" und der unbedachten Antwort „Warum nicht? Wann soll's denn losgehen?". Los ging es an einem Nachmittag zwei Jahre vor dem Abitur und hat danr vielleicht den einen oder anderen Punkt in der Abschlussnote gekostet...

Es waren zwar eher autodidaktische Treffen schachbegeisterter Jugendlicher als ernsthafte Trainingsstunden, aber der Ehrgeiz war geweckt und so ging es schon bald auf Schnellschachturniere für jugendliche Vierermannschaften im Hamburger Raum, immer mit einer ähnlichen taktischen Aufstellung unserer drei Vielspieler:

Lars überrumpelte meist an einem der hinteren Bretter seine Gegner mit taktischen Tricks in der Eröffnung, z.B. **1. e4 e5 2. Sf3 Sc6 3. Lc4 Sf6 4. Sg5 d5 5. exd5 Sxd5 6. Sxf7 Kxf7 7. Df3+**

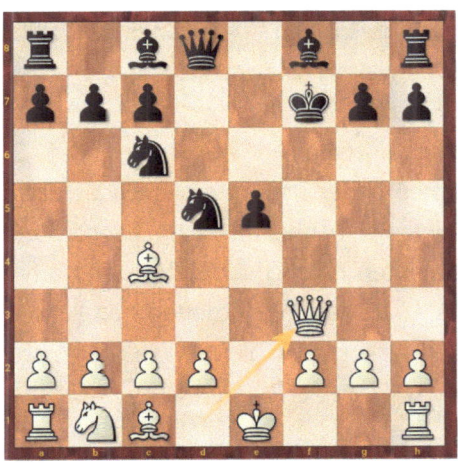

Nur wenige Spieler trauten sich hier, die Mehrfigur mit 7...Ke6 zu verteidigen und einige Gegner spielten sogar 7...Kg8.

Wolfgang holte aufgrund seines Killerinstinktes zuverlässig viele volle Punkte an den Mittelbrettern, während ich meistens weiter vorne meine Zähigkeit in die Waagschale legte und den einen oder anderen halben Punkt gegen stärkere Gegner beitrug.

Da das insgesamt relativ erfolgreich war, behielten wird diese taktische Ausrichtung auch in späteren Jahren in den Achtermann-schaften bei den Erwachsenen bei, bevor unsere schachlichen Ambitionen dann im Laufe der Zeit nach und nach zurückgingen.

1.1 Das erste Turnier

Nach diesen ersten Gehversuchen im Schnell- und Mannschafts-schach sollte es nun auch einmal ein „richtiges" Turnier werden. Meine Wahl fiel dabei auf die Jugendlandeseinzelmeisterschaften (JLEM) von Schleswig-Holstein, die traditionell zur Osterzeit in der Jugendherberge von Neumünster ausgetragen wurden.

Ein wesentlicher Unterschied war neben der Spielstärke reiner Schülermannschaften gegenüber routinierten Vereinsspielern auch die Bedenkzeitregelung. Bei Schnellturnieren konnte und sollte man die 2x30 oder 2x45 Minuten möglichst durchgehend am Brett verbringen, bei den offiziellen 40 Zügen in 2 Stunden hätte die eine oder andere Pause gutgetan. Das merkte ich gleich in meiner ersten Partie:

1. Sf3 c5 2. c4 g6 3. g3 Sf6 4. Lg2 Lg7 5. d3 Sc6 6. Sc3 d6 7. Le3 a6 8. 0-0 Tb8 9. Dd2 b5 10. cxb5 axb5 11. a3 Sa5 12. Dc2 Le6 13. b4 cxb4 14. axb4 Sc6 15. Tab1 Ld7 16. Sd4 Sxd4 17.Lxd4 Dc7 18.Tfc1 e5 19. Le3 0-0 20. Ld5 Le6 21. Db3 Dd7 22. Lg5 Tfc8 23. Tc2

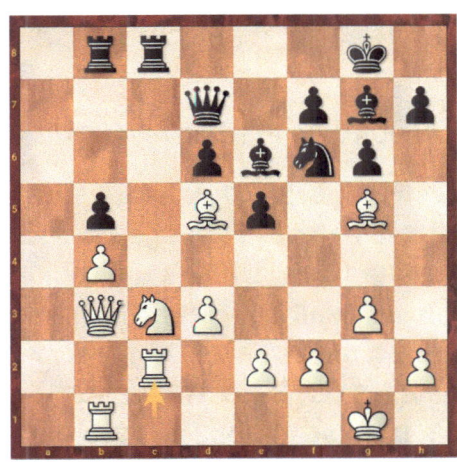

Bis hierher nicht sonderlich aufregend, aber auch nicht zwingend - 15. Sxb5 hätte zwischendurch einen Bauern gewonnen. Jetzt allerdings machte sich die ungewohnt lange Bedenkzeit bemerkbar und Schwarz sammelt mühelos das bereitwillig eingestellte Material ein - 25. Se7+ wirft gleich noch eine weitere Figur hinterher: **23...Sxd5 24. Sxd5 Txc2 25. Se7+ Dxe7 26. Dxc2 Dxg5 0-1**

In diesem Stil ging es die nächsten Tage weiter und am Ende bedeuteten 2 Punkte aus 9 Partien eine deprimierende Einstiegszahl von Ingo 216, umgerechnet gerade mal eine Elozahl von 1111 - zu wenig für einen Angriff auf die Weltspitze...

1.2 Nicht entmutigt...

...ging es ein Jahr später auf das nächste „ernsthafte" Jugend-
turnier, das damals in Bergedorf ausgetragene Hamburger Schach-
festival. Die Wertungszahl war nicht wesentlich besser geworden,
aber Spielpraxis im Verein und regelmäßiges Training zeigten etwas
Wirkung. Naturgemäß lag der Schwerpunkt in der Eröffnungstheorie
und bereits damals entwickelte ich mit „Königsindisch" meine Vorliebe
gegen „d4-Spieler":

W. Kordts - Plötz, Bergedorf 1984

1. d4 Sf6 2. c4 g6 3. Sc3 Lg7 4. e4 d6 5. f3 e5 6. d5 0-0 7.
Le3 Sbd7 8. Ld3 Se8 9. Dd2 f5 10. Sge2 f4 11. Lf2 Sdf6 12. c5
Ld7 13. b4 a6 14. Sc1 De7 15. Sb3 g5 16. Ke2 h5 17. a4 g4
18. b5 Lh6 19. bxa6 bxa6 20. c6 Lc8 21. Sa5 gxf3+ 22. gxf3
Sg4 23. Sd1 Sxf2 24. Sxf2 Dh4 25. Tag1+ Kh7 26. Db2 Sf6 27.
Sc4 a5 28. Sxe5 dxe5 29. Dxe5 Tf7 30. Dd4 Lg7 31. e5+ Kh8
32. exf6 Lxf6 33. Dc4 La6 34. Db3 Ld4 35. Tg2 Te7+ 36. Se4

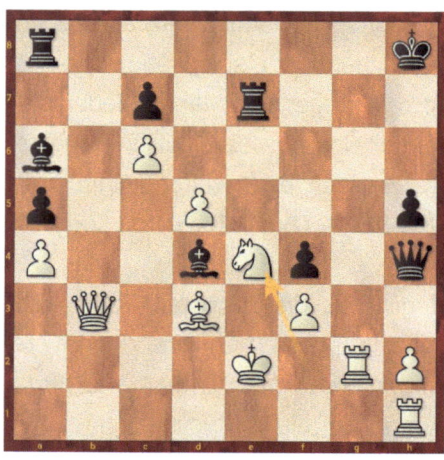

Soweit ein klassischer „Königsinder" auf jugendlichem Amateur-Niveau: Schwarz gerät in eine strategisch schlechte Stellung, die nach 20. c6 von Fritz als klar besser für Weiß bewertet wird. Nach 22...Sg4 wird es allerdings taktisch (23. fxg4 f3+) und auf das Springeropfer gegen zwei Zentrumsbauern gibt Schwarz die Mehrfigur lieber schnell zurück, um für den Minusbauern gutes Spiel gegen den König im Zentrum zu erhalten.

Weiß greift unter dem Druck auch prompt fehl und gerät hier in eine Verluststellung, aus der er durch meine Zeitnot - gespielt wurden 50 Züge in 2,5 h - noch entwischt. Anstelle des Damentausches hätte z.B. 43...Dxd5 Weiß eine hoffnungslose Stellung beschert: **36...Txe4+ 37. fxe4 f3+ 38. Kxf3 Tf8+ 39. Dxe4+ 40. Kd1 Dxg2 41. Te1 Df3+ 42. Kc2 Lxd3+ 43. Dxd3 Dxd3+ 44. Kxd3 Lc5 45. Te5 Tf3+ 46. Kc4 Ld6 47. Txh5+ Kg7 48. Kb5 Kg6 49. Th4 Tf5 50. Kxa5 Txd5+ 51. Ka6 Lc5 remis**

1.3 Reine Nervensache

Dass die Spielstärke neben theoretischem Wissen, praktischer Erfahrung und pragmatischer Zeiteinteilung auch von einem starken Nervenkostüm begünstigt wird, lernte ich dann ein weiteres Jahr später.

In dieser Schlussrundenpartie kam mein Gegner erst kurz vor Ablauf der maximal erlaubten Verspätung von einer Stunde ans Brett, um nach seinem Eröffnungszug mit den Worten „Ich geh jetzt erst mal duschen" erneut für zwanzig Minuten zu verschwinden. Trotzdem überspielte er mich danach komplett:

Zander - Plötz, Neumünster 1985

1. e4 c5 2. Sf3 d6 3. d4 cxd4 4. Sxd4 Sf6 5. Sc3 a6 6. Lg5 e6 7. f4 Le7 8. Df3 Dc7 9. 0-0-0 Sbd7 10. g4 b5 11. Lxf6 Sxf6 12. g5 Sd7 13. f5 e5 14. Sd5 Lxg5+ 15. Kb1 Db7 16. Dh5 Lf6 17. Se6

Kurz nach Ende der Eröffnungskenntnisse ist es bereits aus und Schwarz kann nur noch hoffen, dass Weiß bis zur Zeitkontrolle ein Schnitzer unterläuft. Der lässt zwar diverse bessere Fortsetzungen aus, aber der Fehler kommt erst kurz danach, als das Adrenalin bereits verbraucht ist und die immer noch angespannten Nerven versagen: **17...g6 18. fxg6 fxg6 19. Sec7+ Kf7 20. Df3 Kg7 21. Sxa8 Dxa8 22. Lh3 Ld8 23. Dg2 Dc6 24. Se3 Sf6 25. Lxc8 Dxc8 26. Sf5+ Kf8 27. Sxd6 De6 28. Thf1 Lc7 29. Dg5 Ke7 30. Sf5+ Kf7 31. Sh6+ Kg7 32. Dxf6+ Dxf6 33. Td7+ Kxh6 34. Txf6 Ld8 35. Txa6 Tf8 36. Tad6 Lg5 37. b3 Tf1+ 38. Kb2 g4 39. Td1 Tf2 40. h4 Lxh4 41. Tb7 g5 42. Txb4 g4 43. Th1 Kg5 44. Tb5 g3 45. Txe5+ Kg4 46. a4 Lf6 0-1**

10

2. Studienjahre

Ich blieb meinem Heimatverein noch ein weiteres Jahr treu und half in den Mannschaftskämpfen mit einigen Punkten noch etwas aus. Dabei holte ich genau wie in späteren Jahren mit einer Nebenvariante im Damengambit diverse einfache Punkte, weil viele Gegner schlicht und einfach keinen Plan dagegen fanden:

Plötz - Edelhoff, Meldorf 1986

1. d4 Sf6 2. c4 e6 3. Sc3 d5 4. cxd5 exd5 5. Lg5 Le7 6. Dc2 c6 7. e3 Le6 8. Ld3 h6 9. Lh4 Sh5 10. Lxe7 Dxe7 11. Sge2 Sd7 12. 0-0 Shf6

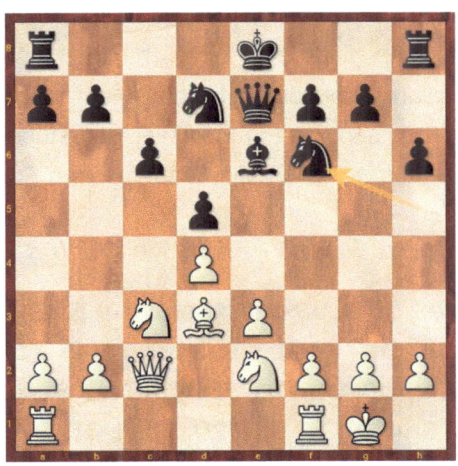

Die Idee des Aufbaus mit Sge2 besteht darin, im Zentrum mit den Bauernzügen f3 und e4 aktiv zu werden und dann entweder (nach dxe4/fxe4) die offene f-Linie zu nutzen oder die Bauern mit e5/f5 weiter voranzutreiben. Wenn Schwarz kein Gegenspiel gegen d4 aufbaut, kann es schnell bergab gehen: **13. Sf4 Tc8 14. Tac1 0-0**

15. f3 c5 16. Df2 c4 17. Lb1 Tfe8 18. Tce1 Sf8 19. e4 dxe4 20. fxe4 Dc7 21. e5 S6h7 22. Te3 Ld7 23. Tg3 Sg5 24. h4 Sge6 25. Sfd5 1-0

Inzwischen hatte ich mein Mathematikstudium aufgenommen und wenig Interesse, für weitere Abendpartien meines Heimatvereins immer erst die Heimreise aus der schleswig-holsteinischen Landeshauptstadt und anschließend noch weite Fahrten im Bezirk anzutreten. Daher wechselte ich nun zum ersten Mal die Liga, um eine Klasse höher weitere Erfahrungen zu sammeln.

2.1 In der Verbandsliga

Die zweithöchste Spielklasse im nördlichsten Bundesland sollte nun für einige Jahre meine schachliche Heimat werden. Bereits in meinem ersten Einsatz sah ich mich einem Routinier gegenüber, der mich nach einem ruhigen Aufbau mit einem Damenopfer vom Stuhl holte:

L. Sölken - Plötz, Kiel 1987

1. Sf3 Sf6 2. e3 g6 3. b3 Lg7 4. Lb2 0-0 5. Le2 d6 6. d3 e5 7. Sbd2 Sbd7 8. 0-0 De7 9. Tb1 Se8 10. e4 f5 11. exf5 gxf5 12. Sc4 Kh8 13. Kh1 Tg8 14. Tg1 Sf8 15. Dd2 Se6 16. g3 Ld7 17. Lf1 Sf6 18. Lg2 Sg4 19. h3 Sh6 20. Tbe1 Df7

Meine merkwürdigen Bemühungen um einen Angriff nach königsindischem Muster machte ich mit diesem Zug endgültig zunichte und wir zogen prompt die interessierten Blicke meiner neuen Mannschaftskameraden auf uns:

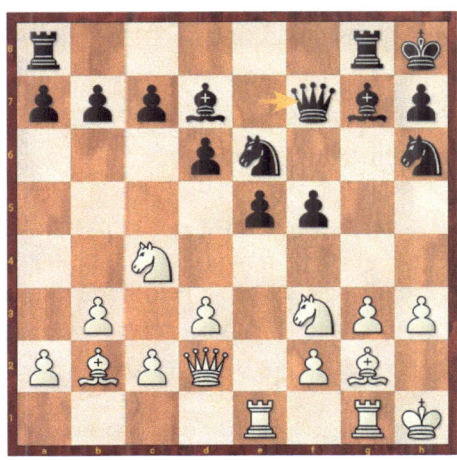

Weiß hätte nun mit 21. Sfxe5 relativ einfach gewinnen können, wählte allerdings einen spektakuläreren Weg. Mit der daraus entstehenden asymmetrischen Materialverteilung kamen wir dann beide nicht mehr klar: **21. Dxh6 Lxh6 22. Scxe5 dxe5 23. Sxe5 Df6 24. Sf7+ Kg7 25. Lxf6+ Kxf7 26. Lh4 c6 27. Te5 Kg6 28. g4 fxg4 29. Le4+ Kf7 30. hxg4 Lg5 31. Lg3 Sf4 remis**

Trotzdem hinterließ dieser überraschende Zug bei mir einen bleibenden Eindruck und machte mir nun endgültig klar, dass ich jetzt in der Tat eine Liga höher spielte. Aber ich sollte in der Landeshauptstadt noch mehr lernen.

2.2 Der letzte Sizilianer

Mit der Najdorf-Verteidigung konnte ich bislang solide punkten, weil daraus in den unteren Ligen mangels Theoriekenntnissen der Gegner eher ruhige Partien entstanden. In der Vereinsmeisterschafts meines neuen Clubs traf ich aber inzwischen auch auf gute Angriffsspieler aus der Regionalliga, die sie mir dann regelmäßig um die Ohren hauten und mich auf diese pädagogisch wertvolle Weise zu einer eröffnungstheoretischen Umorientierung bewegten:

M. Heller - Plötz, Kiel 1988

1. e4 c5 2. Sf3 d6 3. d4 cxd4 4. Sxd4 Sf6 5. Sc3 a6 6. Lg5 e6 7. f4 Le7 8. Df3 Dc7 9. 0-0-0 Sbd7 10. g4 b5 11. a3 Tb8 12. Lxf6 Sxf6 13. g5 Sd7 14. Lh3 0-0 15. g6

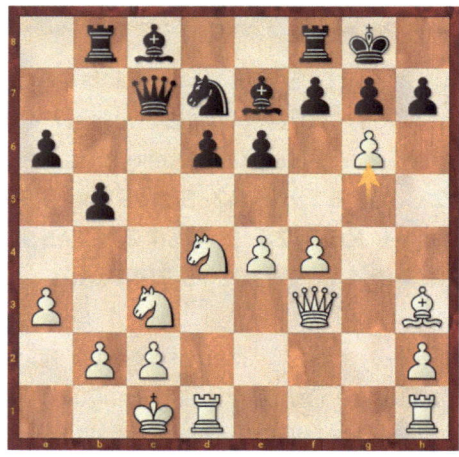

Die theoretische Fortsetzung bestand nun in 15... Sc5 16. gxh7+ Kh8. Nach dem Schlagen des Bauern öffnen sich die Schleusen gegen den schwarzen König: **15... hxg6 16. Sxe6 fxe6 17. Lxe6+ Tf7 18. Sd5 Dd8 19. h4 Sf6 20. Lxf7+ Kxf7 21. Sxf6 Lxf6 22. e5 Le7 23. h5 gxh5 24. Dxh5+ Kg8 25. exd6 1-0**

Auf der Suche nach einem für mich geeigneteren Aufbau gegen 1. e4 landete ich dann nach einigem Umherirren bei „Französisch" und

14

blieb bis auf gelegentliche Experimente auch dabei. Bereits die erste Partie damit verlief dann wieder unter besonderen Umständen.

2.3 Springer in Zeitnot

Die Abtauschvariante ist ein echtes Problem, wenn Schwarz auf Gewinn spielen möchte oder Weiß in einer ruhigen Weise vorsichtig in Vorteil zu kommen versucht. Manchmal bieten sich in einer langwierigen Partie aber trotzdem Chancen für den Nachziehenden, die man allerdings auch nutzen sollte:

Kornrumpf - Plötz, Preetz 1989

1. e4 e6 2. d4 d5 3. exd5 exd5 4. Sf3 Sf6 5. Ld3 Lg4 6. 0-0 Le7 7. h3 Lh5 8. Te1 0-0 9. Lf4 Te8 10. Sbd2 Sbd7 11. c3 Sf8 12. Db3 Lg6 13. Lxg6 Sxg6 14. Lh2 Dc8 15. Te3 c6 16. Tae1 Lf8 17. Se5 Ld6 18. Sxg6 Lxh2+ 19. Kxh2 hxg6 20. Txe8+ Sxe8 21. Sf3 Sd6 22. Se5 Df5 23. Kg1 Se4 24. f3 Sd6 25. Da3 Df6 26. Da5 Te8 27. Dc7 Te7 28. Dd8+ Te8 29. Dxf6 gxf6 30. Sd3 Txe1+ 31. Sxe1 f5 32. Sd3 g5 33. g3 Kg7 34. Kf2 Kf6 35. Ke3 Kg6 36. Se5+ Kh5 37. f4 f6 38. Sd3 Sc4+ 39. Kf2 Sd2 40. Sc5 Se4+ 41. Kf3 g4+ 42. hxg4+ fxg4+ 43. Kg2 b6 44. Sd3 Sd2 45. Kf2 Sc4 46. b3 Sd6 47. Ke2

Bislang hatte Weiß in dieser Partie meist leichten Vorteil, in beiderseitiger Zeitnot übersehen allerdings beide Seiten das entscheidende 47...Se4. Die Partie ging zwar noch etwas weiter, war allerdings trotz eines gedeckten Freibauerns nicht mehr zu gewinnen:

47...Kg6 48. Sf2 f5 49. Ke3 Kf6 50. a3 Kg6 51. Ke2 Kf6 52. a4 Se4 53. Sxe4+ dxe4 54. c4 Ke6 55. Kd2 a6 56. Kc3 Kd6 57. Kd2 b5 58. a5 bxc4 59. bxc4 Ke6 60. Kc3 remis

Nach einer reinen Spielzeit von über fünf Stunden zuzüglich einer gemeinsamen Analyse der zwischendurch abgebrochenen Partie war die daraus resultierende knappe Mannschaftsniederlage mit 3,5:4,5 natürlich doppelt enttäuschend.

Wir starteten dadurch mit 0:4 Punkten in die Saison und ich hielt die Aussage „Damit haben wir wohl endgültig den Aufstieg verspielt" eines Mannschaftskameraden für Galgenhumor. Als wir am Ende der Saison dann aber 14:4 Zähler auf dem Konto hatten, sah ich das allerdings genauso...

3. Heimweh

Inzwischen hatten sich auch mehrere Spieler meines Heimatvereins umorientiert und wir spielten nun wieder gemeinsam in einer anderen Staffel derselben Liga. Bereits im ersten Mannschaftskampf traten wir mit einem Spieler weniger beim hohen Aufstiegsfavoriten an und lagen schnell mit 0:2 zurück - das ging aber nicht so weiter:

H.-U. Kock - Plötz, Heide 1990

1. d4 Sf6 2. c4 g6 3. Sc3 Lg7 4. e4 d6 5. f4 0-0 6. Le2 c5 7. d5 e6 8. Sf3 exd5 9. e5 dxe5 10. fxe5 Sg4 11. Lg5 Da5 12. cxd5 Sxe5 13. 0-0 Sbd7 14. Le7 Te8 15. d6 Sxf3+ 16. Txf3 Se5 17. Tf4 c4 18. Sd5 Ld7

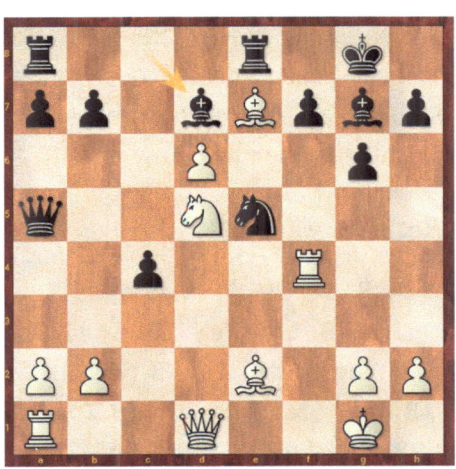

Diese scharfe Variante des Vierbauernangriffs sieht sehr gefährlich aus und ich hielt meine Stellung nach 19. Sf6+ Lxf6 20. Lxf6 für hoffnungslos. Tatsächlich hat Weiß aber allenfalls Kompensation für den Bauern und verliert nach der materialistischen Fortsetzung verblüffend schnell: **19. Sc7? Txe7 20. Sxa8 Dc5+ 21. Kh1 Te6 22. Dd4 Dxd6 23. Td1 Sd3 24. Dxd6 Txd6 25. Lxd3 cxd3 26. Tb4 d2 27. h3 Lf5 28. Tc4 Lh6 29. Sc7 Tc6 30. Td4 Txc7 0-1**

Den Mannschaftskampf gewannen wir am Ende sogar knapp und hatten schnell den Ruf eines unangenehmen Gegners, der oft genug auch anderen vermeintlich höher eingeschätzten Teams das Leben schwer machte.

3.1 Matt auf dem T-Shirt

Selten genug passt bekanntlich an einem Tag einmal alles zusammen, aber in dieser Partie konnte ich eine meiner Lieblingsvarianten gegen einen nominell klar stärkeren Gegner anwenden. Dieser geriet dann beim Stand von 3:4 des Mannschaftskampfes in Schwierigkeiten und übersah auch noch ein hübsches Mattbild, an das ich selber nicht so richtig glauben mochte:

Plötz - F. Hänjes, Kronshagen 1991

1. d4 Sf6 2. c4 e6 3. Sc3 d5 4. cxd5 exd5 5. Lg5 Le7 6. e3 0-0 7. Ld3 c6 8. Dc2 h6 9. Lh4 Te8 10. Sge2 Sbd7 11. 0-0 Se4 12. Lxe7 Dxe7 13. Tae1 Sdf6 14. f3 Sg5 15. Sg3 c5 16. Lb5 Td8 17. Df2 a6 18. Ld3 b5 19. Lb1 cxd4 20. exd4 Da7 21. Te5 Se6 22. Sf5 Kf8 23. Td1 Lb7 24. Dh4 Sg8 25. Kh1 Lc6 26. Se2 b4 27. Te1 Lb5

Schwarz steht in beiderseitiger Zeitnot bereits deutlich schlechter und ich ließ mich in der Hoffnung, dass er mit reflexartigen Zügen in die von mir nur ungefähr erahnten Mattmotive hineinläuft, zu einem Bluff hinreißen:

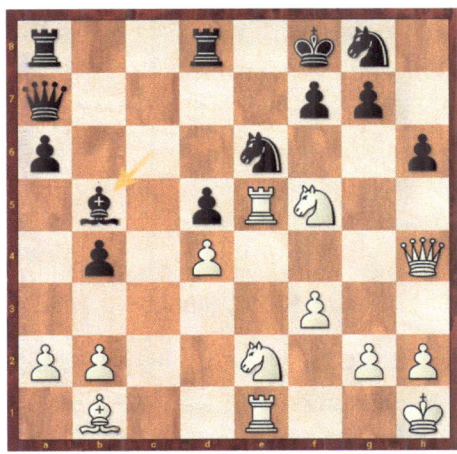

Statt des sofortigen Schlagens auf e6 wäre 28... g5 29. Dh3 fxe6 30. Sxh6 möglich gewesen, aber das ist mit vier Minuten bis zum 40. Zug kaum zu sehen: **28. Txe6 fxe6 29. Sf4 Ld7 30. Sg6+ 1-0**

Mein Gegner war trotz dieser Niederlage im Gegensatz zum Rest seiner Mannschaft, die mir in der Analyse höchstens ein Dauerschach zugestanden, von der Schlussstellung derart begeistert, dass er sie sich auf ein T-Shirt drucken ließ. Ich habe als Souvenir immerhin noch die Originalnotation und die Erinnerung an meine zitternden Finger bei 28. Txe6.

Man könnte fast behaupten, ich hätte das ganze Buch um diese Partie herumgeschrieben.

3.2 Abbruch und Hängepartie

Während heute die Partien nach der Zeitkontrolle mit verkürzter Bedenkzeit ohne Unterbrechung weiterspielt werden, wurden sie damals „abgebrochen" und beide Seiten hatten die Gelegenheit zu einer ausgiebigen Analyse. Während dafür in den Mannschaftskämpfen und offenen Turnieren meist nur wenige Stunden verblieben, hatte man in einer Vereinsmeisterschaft oft Tage oder sogar Wochen zur Verfügung:

L. Beth - Plötz, Pinneberg 1992

1. e4 e6 2. d4 d5 3. Sc3 Lb4 4. e5 c5 5. a3 Lxc3+ 6. bxc3 Se7 7. f4 Sbc6 8. Sf3 Ld7 9. a4 Da5 10. Ld2 c4 11. Le2 f6 12. 0-0 0-0-0 13. Db1 Tdf8 14. Lc1 fxe5 15. fxe5 Tf7 16. La3 h5 17. Ld6 g5 18. Db5 g4 19. Sg5 Txf1+ 20. Txf1 Sf5 21. Tb1 Dxb5 22. axb5 Sd8 23. La3 b6 24. h3 Tg8 25. Lc1 gxh3 26. Sxh3 h4 27. Sg5 Tg7 28. Lg4 Sf7 29. Sxf7 Txf7 30. Lxf5 Txf5 31. Le3 Le8 32. Lf2 Th5 33. Kh2 Lg6 34. Tc1 Le4 35. g4 hxg3+ 36. Kxg3 Lf5 37. Kf4 Th2 38. Ke3 Th3+ 39. Kd2 Th2 40. Ke3 Th3+ 41. Kd2 Le4 42. Lg1 Tg3 43. Le3 Tg2+

Schwarz gewinnt nach langem Lavieren einen Bauern, steht aber aufgrund der ungleichfarbigen Läufer noch vor einer schwierigen Aufgabe. Im Gegensatz zum unbeliebten theoretischen Studium derartiger Stellungen ist die Motivation bei eigenen Partien natürlich ungleich höher und ich konnte die Partie nach Wiederaufnahme tatsächlich gewinnen:

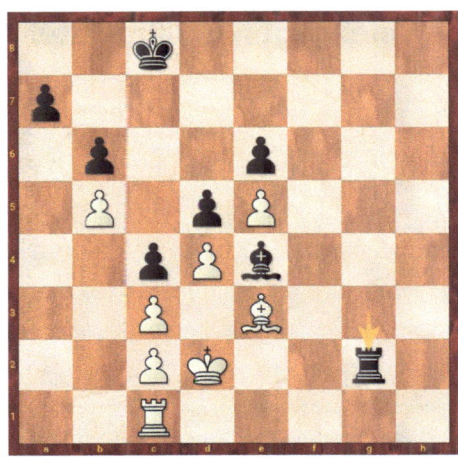

44. Ke1 Lxc2 45. Lf2 Ld3 46. Ta1 Kb7 47. Ta6 Th2 48. Ta3 Th1+ 49. Kd2 Tb1 50. Ke3 Txb5 51. Ta2 Tb1 52. Lg3 b5 53. Tf2 Lf5 54. Lh4 Tc1 55. Kd2 Tc2+ 56. Kd1 Txc3 57. Le7 a5 58. Lc5 b4 59. Ta2 Lg4+ 60. Ke1 b3 61. Txa5 Tc2 62. Tb5+ Kc6 63. Tb6+ Kc7 64. Tb5 b2 0-1

Ich habe die Analyse solcher Partien - ob mit mehreren Mitstreitern oder alleine - immer als außerordentlich lehrreich empfunden und die spätere Umstellung der Bedenkzeitregelung sehr bedauert. Ein schwieriges Endspiel nach einem mehrstündigen Kampf unter erhöhtem Zeitdruck abzuwickeln, ist dann doch eher aus sportlicher als schachlicher Sicht interessant.

Eine schwierige Stellung gemeinsam auszuloten wurde dagegen vor allem in Mannschaftskämpfen oft genug zu einer teambildenden Maßnahme, von der insbesondere die schwächeren Spieler viel profitieren konnten - sofern die stärkeren Mitglieder ihre Ergebnisse denn auch pädagogisch gut vermittelten...

3.3 Spiel gegen Großmeister

Für Amateurspieler gibt es meistens nur wenige Gelegenheiten, einmal gegen einen Großmeister anzutreten. Das kann bei ausreichender Spielstärke und mit etwas Losglück in einem offenen Turnier passieren, meistens braucht man dafür allerdings eine Simultanvorstellung. Für einzelne Teilnehmer ist das zwar nicht ganz billig, aber in diesem Fall hatte mein Verein zur Feier seines 75jährigen Bestehens eingeladen:

Plötz - Krogius, Pinneberg 1993

1. d4 Sf6 2. c4 e6 3. Sc3 Lb4 4. a3 Lxc3+ 5. bxc3 c5 6. e3 0-0 7. Ld3 Sc6 8. Se2 b6 9. 0-0 La6 10. e4 Se8 11. f4 f5 12. e5 Sa5 13. g4 g6 14. gxf5 gxf5 15. Tf3 Lxc4 16. Lxc4 Sxc4 17. Th3 d5 18. Sg3 Sg7 19. Ta2 De8 20. Tg2 Kh8 21. Ld2 Tg8 22. Sf1 Df7 23. Le1 Taf8 24. Lh4 Sh5 25. Lg5

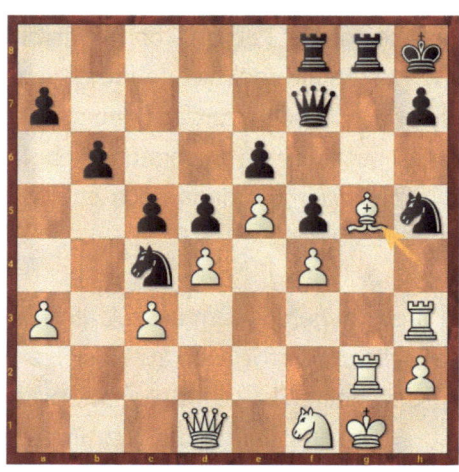

Weiß hat nach bekannten Mustern den nimzoindischen Doppelbauern geopfert und dafür das Spiel am Königsflügel gesucht. Das Qualitätsopfer ist zwar erzwungen, löst aber die wesentlichen Probleme von Schwarz: **25... Txg5 26. Txg5 Sxf4 27. Thg3 Sg6 28. Dh5 Tg8 29. h4 f4 30. Tf3 Sgxe5 31. Dxf7 Sxf7 32. Txg8+ Kxg8 33. Txf4 cxd4 34. cxd4 Sxa3 35. Tf6 Sd8 36. Sg3 Sb5 37. Se2 a5 38. Tf1 Sd6 39. Tb1 b5 40. Kf2 Kf7 41. Kf3 b4 42. Kg4 Ke7 43. Kg5 Sf5 44. h5 Sc6 0-1**

Im Grunde eine typische Partie bei dieser Konstellation: Der Außenseiter spielt eine Zeitlang gut mit, übersieht aber in diesem Fall 26. fxg5 Sf4 27. Th6 mit gutem Spiel und hat letztendlich gegen groß-meisterliche Routine das Nachsehen. Trotzdem bleibt es natürlich immer etwas Besonderes, einmal gegen einen Titelträger anzutreten.

3.4 Wunder in Zeitnot

Neben den Mannschaftskämpfen traf man auch auf den Landes-meisterschaften immer wieder auf alte Bekannte, bei denen man im Grunde schon vor der Partie wusste, was auf einen zukommt. In diesem Fall waren es hoher Bedenkzeitverbrauch nach unorthodoxer Eröffnung und ungeahnte Wendungen in der Schlussphase:

Plötz - U. Stock, Schwabstedt 1994

1. d4 c5 2. d5 g6 3. c4 Lg7 4. e4 d6 5. Sc3 Lxc3+ 6. bxc3 Da5 7. Ld2 f5 8. Ld3 fxe4 9. Lxe4 Sf6 10. Lc2 Lf5 11. Sf3 Sbd7 12. Lxf5 gxf5 13. 0-0 0-0-0 14. Dc2 Se4 15. Tab1 Tdg8 16. Tb5 Da6 17. Tfb1 b6 18. a4 Kc7 19. a5 Db7 20. axb6+ axb6

21. Se1 Tg6 22. f3 Sxd2 23. Dxd2 Thg8 24. T1b2 Ta8 25. Sd3 Ta1+ 26. Kf2 Da8 27. Sf4 Se5

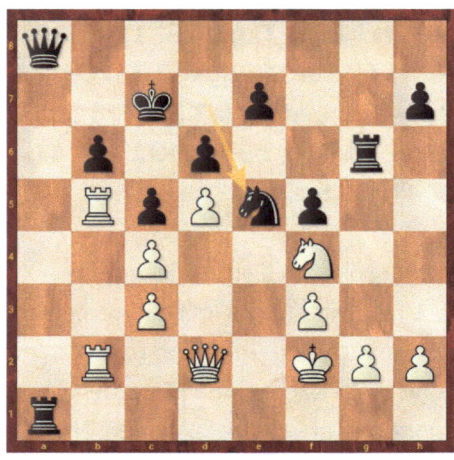

Schwarz steht im Grunde bereits auf Verlust und entschließt sich dazu, die Stellung zu verkomplizieren. Weiß traute den Varianten nach 28. Sxg6 Sxc4 nicht und wählte schließlich das Dauerschach, nachdem er auch noch eine Springergabel übersah: **28. De2 Th1 29. Txb6 Txh2 30. Tb7+ Dxb7 31. Txb7+ Kxb7 32. Sxg6 Sxg6 33. De6 Txg2+ 34. Kf1 Tg5 35. Dd7+ remis**

Solche Partieverläufe haben natürlich immer großen Unterhaltungswert für die zahlreichen Zuschauer, die dazu genau wie die Spieler in der anschließenden Analyse nur mit dem Kopf schüttelten. „Wir können das wohl irgendwie beide nicht" war denn auch ein passender Kommentar meines Gegners zum Abschluss der Partie.

3.5 Schweizer System

In der Auftaktrunde ein leichter Sieg gegen einen schwachen Gegner, in der zweiten dann chancenlos einem russischen Titelträger unterlegen - soweit ein normaler Auftakt bei einem Turnier nach Schweizer System, bei dem unter allen Spielern mit derselben Punktzahl immer die obere gegen die unter Hälfte der Setzliste gelost wird.

Und dann vielleicht einmal ein Gegner auf Augenhöhe? Nicht so bei dieser Auflage des Wichern-Open, auch wenn für mich damals gegen einen routinierten Zweitligaspieler durchaus ein halber Punkt drin gewesen wäre:

F. Hegeler - Plötz, Hamburg 1995

1. d4 Sf6 2. Sf3 g6 3. c4 Lg7 4. Sc3 0-0 5. g3 d6 6. Lg2 Sbd7 7. 0-0 e5 8. Dc2 c6 9. Td1 De7 10. b3 Te8 11. La3 exd4 12. Sxd4 Sc5 13. h3 Ld7 14. Tab1 Tad8 15. Kh2 Sce4 16. Sxe4 Sxe4 17. e3 c5 18. Dxe4 Dxe4 19. Lxe4 Txe4 20. Se2 Lf5 21. g4 Ld7 22. Lb2 Lc6 23. Lxg7 Kxg7 24. Td2 Kf6 25. Tbd1 Ke7 26. Sc3 Te5 27. Kg3 h5 28. Sd5+

Nachdem Weiß die Eröffnung wenig ambitioniert behandelt hatte und Schwarz daraus kein Kapital schlagen konnte, hätte ich nun in ein minimal schlechteres Turmendspiel abwickeln können, z.B. etwa mit 28...Lxd5 29. Txd5 Txd5 30. Txd5 und schwarzem Gegenspiel mit späterem b5.

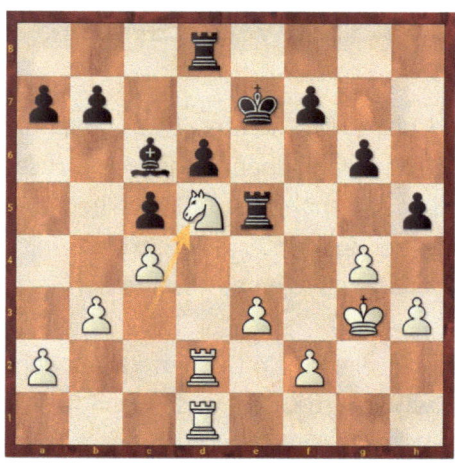

Ich träumte stattdessen von Gegenchancen auf der langen Diagonalen und der h-Linie, verlor aber in Zeitnot komplett die Übersicht: **28...Kf8 29. Sf4 Ke7 30. Sd5+ Kf8 31. a4 hxg4 32. hxg4 f5 33. Sf4 Kg7 34. Txd6 fxg4 35. Txg6+ 1-0**

Den Klassenunterschied bemerkte ich dann spätestens in der anschließenden Analyse, als mir mein Gegner wie selbstverständlich seine zwischenzeitlichen Berechnungen zur Spielverschärfung präsentierte, die ich während der Partie nicht einmal geahnt ahnte.

3.6 Französisch mit Lxh7+

Wer hier nun aufgrund der Überschrift auf eine hübsche Opferpartie hofft, muss leider enttäuscht werden. Oft genug entscheidet zwar der Einschlag des weißfeldrigen Läufers in die Königsstellung des unvorsichtigen Verteidigers die Partie, in diesem Fall nahm Schwarz das aber in Kauf, obwohl der Läufer sogar gedeckt war:

Ferderer - Plötz, Kiel 1996

1. e4 e6 2. d4 d5 3. Sd2 Sf6 4. e5 Sfd7 5. Ld3 c5 6. c3 Sc6 7. Se2 Db6 8. Sf3 cxd4 9. cxd4 f6 10. exf6 Sxf6 11. 0-0 Ld6 12. b3 0-0 13. Lg5 Ld7 14. Lh4 Tae8 15. Lg3 Lxg3 16. hxg3 e5 17. dxe5 Sxe5 18. Sxe5 Txe5 19. Dc2

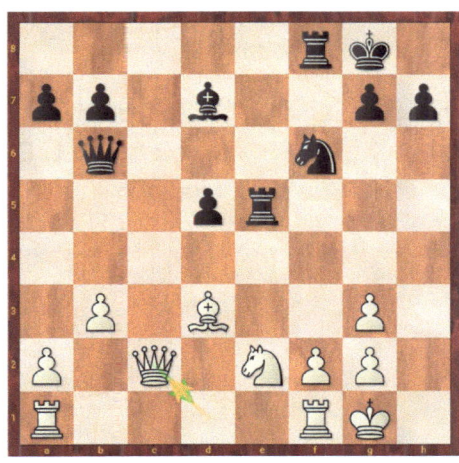

Das sieht naheliegend aus, da die Türme verbunden werden und der Punkt h7 angegriffen ist. Aber überraschenderweise ist die weiße Position nach diesem Zug bereits verloren - die schwarze Drohung Dh6 und die Schwäche des Punktes f2 wiegen schwerer als das Läuferschach mit Bauerngewinn: **19...Sg4 20. Lxh7+ Kh8 21. Sf4 Txf4 0-1**

Ein schöner Abschied von meinem alten Verein, auch wenn mir dieses hübsche Motiv leider nie wieder unterkommen sollte - weder in meinen eigenen Partien noch irgendwo anders.

4. Berufsspieler

Nach vielen Jahren mit den ersten Weggefährten aus Jugendzeiten ging es nun erst einmal einige Zeit mit alten Bekannten aus dem Studium weiter. Das war erneut mit einem Wechsel in eine andere Staffel derselben Liga verbunden und wieder gab es dort in der ersten Partie einen überraschenden Schlusszug:

Plötz - E. Sieg, Kiel 1997

1. Sf3 Sf6 2. g3 g6 3. Lg2 Lg7 4. 0-0 d6 5. d3 0-0 6. e4 e5 7. Sbd2 Sc6 8. a4 Sg4 9. Sc4 Se7 10. c3 Kh8 11. Sfd2 c6 12. Sb3 f5 13. Dc2 Le6 14. Se3 Sxe3 15. Lxe3

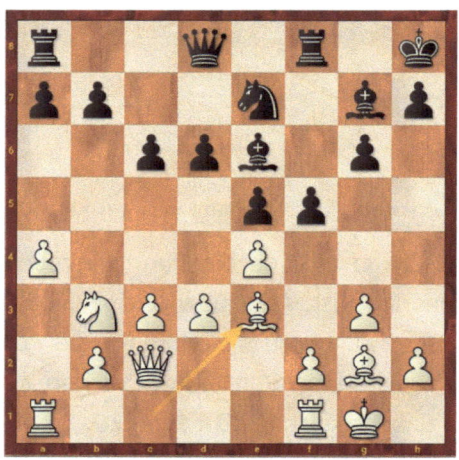

Nach merkwürdiger Eröffnung steht Weiß bereits schlechter und Schwarz lässt sich nicht lange bitten. Die weiteren Manöver des Anziehenden machen einen hilflosen Eindruck, der Abschluss ist allerdings sehenswert: **15...f4 16. gxf4 exf4 17. Ld4 f3 18. Lxg7+**

Kxg7 19. Sd4 Lg4 20. Lh1 c5 21. Lxf3 Txf3 22. Sxf3 Lxf3 23. Dd2 Sd5 0-1

In der Schlussstellung sieht Fritz ein Matt in 9 Zügen, aber die Aussichtslosigkeit der Lage z.B. nach 24. exd5 Dh4 war mir auch so offensichtlich. Kein guter Einstand im neuen Verein, auch wenn mir der Schlusszug bei neutraler Sichtweise durchaus gefiel.

4.1 Feierabendschach

Neben den Mannschaftskämpfen und gelegentlichen Einzelturnieren ließ sich auch im Betriebsschach weitere Spielpraxis sammeln. Da diese Partien immer nach Feierabend stattfanden, nahmen sie nach einem langen Arbeitstag oft ein abruptes Ende:

Plötz - Kröncke, Hamburg 1998

1. Sf3 Sf6 2. g3 c5 3. Lg2 Sc6 4. 0-0 d5 5. d3 e5 6. Sbd2 Le7 7. e4 dxe4 8. dxe4 0-0 9. Te1 Dc7 10. c3 Td8 11. Dc2 b6 12. Lf1 Sa5 13. Sc4 Sxc4 14. Lxc4 h6 15. Sh4 Lb7 16. Sf5 Lf8 17. f3 a6 18. a4 Td7 19. Le3 Tad8 20. De2 Dc8 21. g4 Sh7 22. h4 Le7

Fritz schlägt hier die langsame Verbesserung der Stellung mit 23. Dh2 vor, aber mir juckten die Finger und Schwarz fand längst nicht die beste Verteidigung, z.B. durch ein Qualitätsopfer gegen den fatalen Springer:

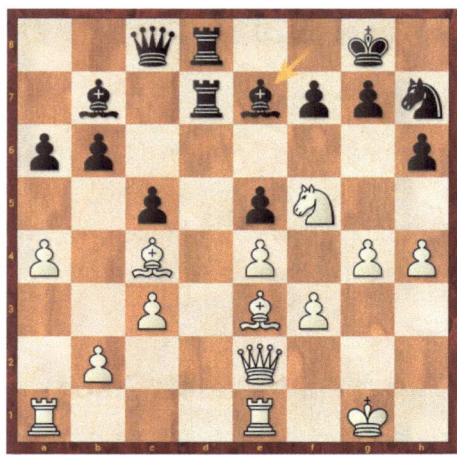

23. Lxh6 gxh6 24. Sxh6+ Kg7 25. Sxf7 Td2 26. De3 Lxh4 27. Dh6+ 1-0

Oft genug war ich aber in langen Partien auch selber Leidtragender der späten Ansetzung - spätestens am nächsten Arbeitstag, wenn ein unglücklicher Verlauf mich noch im Schlaf weiterbeschäftigte.

4.2 Königsindischer Läufer

Inzwischen wohnte ich bereits ein Jahr mit meiner damaligen Freundin und heutigen Frau zusammen und wollte nicht mehr den kompletten Sonntag dem Schach opfern. Daher wechselte ich ein letztes Mal den Verein und war nun in der stärksten Staffel meiner altbekannten Liga aktiv.

In der Auftaktpartie durfte diesmal mein königsindischer Läufer lehrbuchmäßig ohne Gegenspieler agieren:

Herholz - Plötz, Ratzeburg 1999

1. d4 Sf6 2. c4 g6 3. Sc3 Lg7 4. e4 d6 5. Sf3 0-0 6. Le2 e5 7. d5 Sbd7 8. 0-0 Sc5 9. Dc2 a5 10. Le3 Sfd7 11. Sd2 f5 12. f4 De7 13. fxe5 Sxe5 14. Lxc5 dxc5 15. Tae1 f4 16. Sf3 g5 17. Sxe5 Lxe5

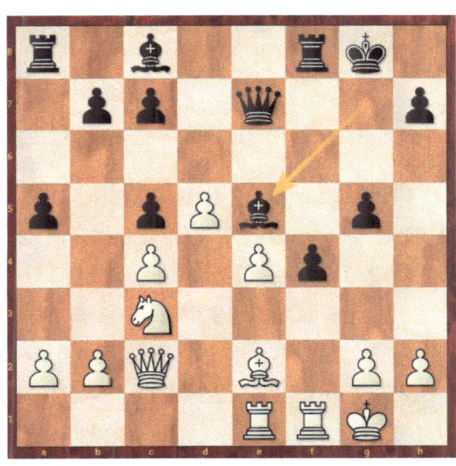

Die weiße Stellung ist bereits schwierig, aber mein Gegner hätte den Schaden hier noch mit 18. Dd1 begrenzen können. Nach der Schwächung der Königsstellung ist es allerdings schnell vorbei: **18. h3 Ta6 19. Sd1 g4 20. hxg4 Dh4 21. Dd3 f3 0-1**

Ein schöner und vermeintlich zeitsparender Einstand - da meine neue Mannschaft allerdings sympathischerweise den Auftaktsieg bei einem gemeinsamen Essen feierte, wurde es doch wieder ein langer Schachsonntag.

4.3 Angstgegner

Das zeitliche Gegenstück zu sonntäglichen Kurzpartien bildeten dagegen manchmal lange abendliche Duelle im Betriebssport. Meine Gegnerin in der folgenden Partie war zwar nominell deutlich stärker, trotzdem trennten wir uns im Laufe der Jahre dreimal remis. Zweimal ging das Ergebnis sogar mehr oder weniger in Ordnung, einmal war allerdings das Glück auf meiner Seite:

Plötz - R. Grünberg, Hamburg 2000

1. Sf3 Sf6 2. g3 c5 3. Lg2 d5 4. 0-0 Sc6 5. d3 e5 6. Sbd2 Le7 7. e4 0-0 8. c3 Tb8 9. a4 dxe4 10. dxe4 b6 11. De2 Dc7 12. Se1 Sa5 13. Sc2 Lb7 14. Se3 Tbd8 15. Te1 Tfe8 16. Sd5 Sxd5 17. exd5 Lxd5 18. Dxe5 Dxe5 19. Txe5 Le6 20. Lf1 Lf6 21. Te3 Ld5 22. Txe8+ Txe8 23. f3 c4 24. Kf2 Le7 25. Lg2 Lc5+ 26. Kf1 f5 27. Lh3 g6 28. g4 fxg4 29. Lxg4 Ld6 30. Se4 Lxe4 31. fxe4 Sb3 32. Tb1 Lxh2 33. Kg2 Ld6 34. Lf3 Sc5 35. Lh6 Sxa4 36. Td1 Lf8 37. Lc1 Sc5 38. e5 Txe5 39. Ld5+ Kg7 40. Lxc4 g5 41. Tf1 Se6 42. Td1 Sf4+ 43. Kf3 Sg6 44. Le3 Sh4+ 45. Kf2 Lc5 46. Lxc5 Txc5 47. Td7+ Kf6 48. Ld3 h5 49. Txa7 Sg6 50. Tb7 Tc6 51. Th7 h4 52. Le4 Te6 53. Ld5 Te7 54. Txe7 Sxe7 55. Lb7 g4 56. c4 Ke5 57. Ke3 Sf5+ 58. Kf2 Sd6 59. Ld5 b5 60. b3 Kd4 61. Le6 bxc4 62. bxc4 g3+ 63. Kg2 Sxc4 64. Lc8 Se3+ 65. Kf3 Sd5 66. Lh3 Se3 67. Lc8

Nach wieder einmal merkwürdiger Eröffnungsbehandlung ist die Stellung für Weiß spätestens seit dem Turmtausch klar verloren, z.B. nach 67...Sf1. Es folgte aber zu weit fortgeschrittener Stunde:

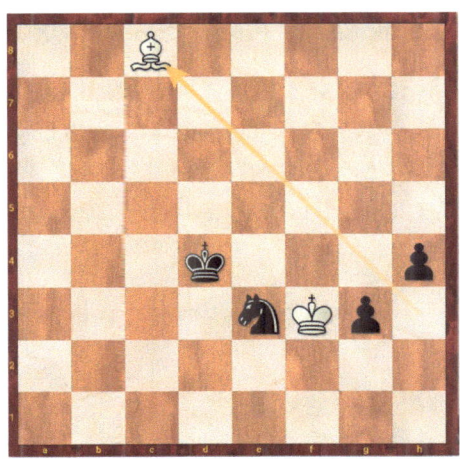

**67...g2 68. Kf2 Ke4 69. Lh3 Kf4 70. Lc8 Kg5 71. Lh3 Kf4 72.
Lc8 Sg4+ 73. Lxg4 Kxg4 74. Kxg2 h3+ remis**

Nach meinen Notizen am Rand des Partieformulars gewannen wir
damit demnach den Mannschaftskampf gegen den stärksten Staffel-
konkurrenten knapp. An den folgenden Arbeitstag kann ich mich nicht
mehr erinnern, ich dürfte aber wohl nicht komplett ausgeschlafen
gewesen sein.

4.4 Angriffsspieler

Trotz entgegengesetzter Rochaden verliefen meine Partien in den
verschachtelten Stellungen der Nimzowitschvariante des „Franzosen"
häufig ziemlich zäh. Dadurch schlich sich natürlich auch eine gewisse
Sorglosigkeit ein, woraufhin mir der ein oder andere Weißspieler die
Stellung nach ungenauem Spiel um die Ohren haute:

**1. e4 e6 2. d4 d5 3. Sc3 Lb4 4. e5 c5 5. a3 Lxc3+ 6. bxc3
Se7 7. Sf3 Sbc6 8. a4 Da5 9. Ld2 c4 10. Le2 Ld7 11. 0-0 0-0-0
12. Lg5 h6 13. Lxe7 Sxe7 14. Ta3 f6 15. Da1 Sc6 16. Tb1 fxe5
17. dxe5 Thf8 18. Db2 Dc7 19. Sd4 a6 20. Lg4 Tde8 21. Lh5
Te7 22. Sb5**

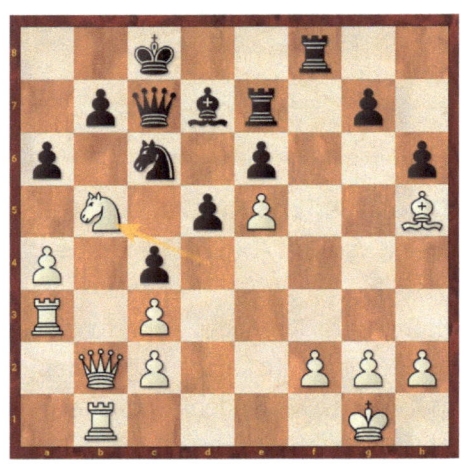

Hier bestand wie drei Züge vorher durchaus die Möglichkeit zum
Schlagen auf e5, ohne dass Weiß nennenswerte Kompensation erhält.
Das Schlagen des Springers verliert zwar nicht direkt, allerdings hätte
Schwarz sich mit 25...Tef7 auf „Turm gegen zwei Figuren" einlassen
müssen: **22...axb5 23. axb5 Sb8 24. Db4 Le8 25. b6 Dd8 26.
Ta8 Lc6 27. Tba1 g6 28. Da3 Dxb6 29. Txb8+ Kxb8 30. Da8+
Kc7 31. Dxf8 Kd7 32. Lxg6 Dd8 33. Dxh6 Kc7 34. h4 d4 35.
Td1 Dd5 36. Dg5 1-0**

Trotzdem blieb ich dem Franzosen trotz gelegentlicher Ausflüge zur
damaligen Hamburger Modeeröffnung „Skandinavisch" auch weiterhin

treu, da mir genau wie beim „Königsinder" die Konterchancen in den dynamischen Stellungen irgendwie zu liegen schienen und manch schwierige Partie sich noch retten ließ.

4.5 Zeitüberschreitung?

Eine der schärfsten Varianten gegen Französisch trägt den Beinamen „Auf Leben und Tod". Sie kann zwar von Schwarz durchaus vermieden werden, ich habe sie aber trotzdem immer gerne gespielt, auch wenn die daraus entstehenden Partien den Akteuren immer einiges abverlangen:

Nixdorf - Plötz, Norderstedt 2002

1. e4 e6 2. d4 d5 3. Sc3 Lb4 4. e5 c5 5. a3 Lxc3+ 6. bxc3 Se7 7. Dg4 Dc7 8. Dxg7 Tg8 9. Dxh7 cxd4 10. Se2 Sbc6 11. f4 Ld7 12. Dd3 dxc3 13. Dxc3 Sf5 14. Tb1 Tc8 15. g3 Sa5 16. Dxc7 Txc7 17. Kd1 La4 18. Tb2 Sc4 19. Ta2 d4 20. Ke1 Lc6 21. Tg1 Ld5 22. Lg2 Lxg2 23. Txg2 Sce3 24. Tg1 Sxc2+ 25. Kd2 Sce3 26. Kd3 Ke7 27. Ld2 Td8 28. Tb2 Sg4 29. Lb4+ Ke8 30. Sc1 Tdc8 31. Sa2 Sge3 32. a4 Sd5 33. Ld2 Sde3 34. Tc1 Sg4 35. Txc7 Txc7 36. La5 b6 37. Le1 Sfe3 38. a5 Sd5 39. axb6 axb6 40. Lf2 Sge3 41. Lg1 Kd7 42. Kxd4 Sc4 43. Tc2 b5 44. Kd3 Tc6 45. Ld4 Ta6 46. Ke4 Sa3 47. Tb2 Sc4 48. Tc2 Sa3 49. Tg2 b4 50. Sc1 Sb5 51. Sd3 Kc6 52. h4 Sbc3+ 53. Lxc3 bxc3 54. h5 Ta4+ 55. Kf3 Td4 56. Sc1 Td1 57. Sb3 Kb5 58. h6 Th1 59. Ke4 Kc4 60. Sc1

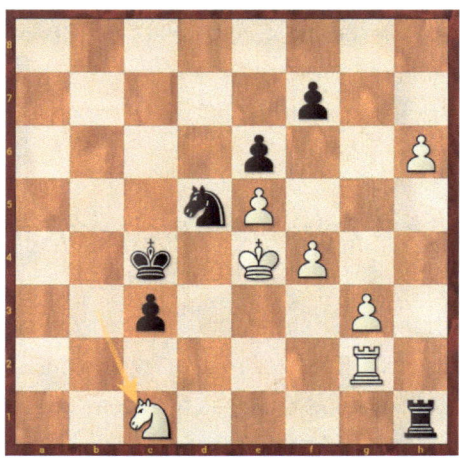

Schwarz hat inzwischen mehr als genug Kompensation für den Bauern erhalten und Weiß verlässt sich zu Unrecht auf seinen h-Bauern, der nach 60...Txc1 61. Th2 Se7 62. h7 Sg6 nichts einbringt. Ich gab allerdings in höchster Zeitnot noch ein Zwischenschach und nach dem 61. Zug war mein Blättchen gefallen, möglicherweise auch schon einen Zug vorher: **60...Te1+ 61. Kf3 Th1 62. Te2 Txh6 remis**

Da der Mannschaftskampf aber längst zu Gunsten unserer Gegner entschieden war, bestand Weiß nicht auf seinem Sieg durch die eventuelle Zeitüberschreitung und auch ich wollte meine inzwischen bessere Stellung nicht mehr weiterspielen - ein versöhnliches Ende und umso angenehmer, da sich beide Mannschaftes für das abschließende gemeinsame Essen denselben Griechen aussuchten.

5. Schachrentner

Das inzwischen von mir bevorzugte Vorgehen, mich auch als Weißer „königsindisch" aufzubauen, hatte sich trotz einiger unglücklich verlaufender Partien in der Praxis als recht erfolgreich erwiesen. Die ersten sieben Züge waren im Grunde immer gleich und die zurückhaltende Spielweise ließ gerade den einen oder anderen stärkeren Gegner allzu optimistisch bis unvorsichtig agieren:

Plötz - Pawlowski, Schwarzenbek 2003

1. Sf3 f5 2. g3 Sf6 3. Lg2 g6 4. 0-0 Lg7 5. d3 0-0 6. Sbd2 d6 7. e4 e5 8. c3 Sc6 9. b4 h6 10. b5 Se7 11. Db3+ Kh7 12. a4 De8 13. Te1 g5 14. exf5 Sxf5 15. Se4 Le6

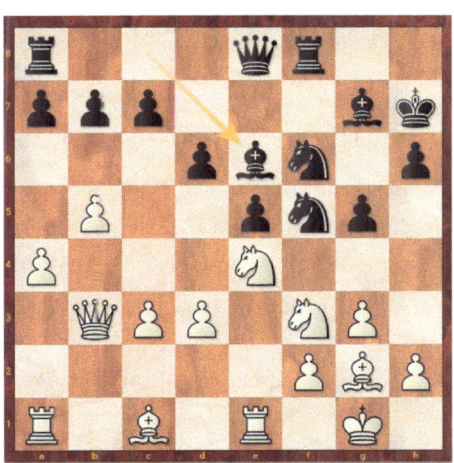

Danach ist es bereits aus, da auch das relativ bessere 16...Dxe6 17. Sxg5+ hxg5 18. Sxg5+ zwar keine ganze Figur, aber mehrere Bauern verliert. Schwarz behält lieber die Damen auf dem Brett und hofft noch auf Schummelchancen am Königsflügel: **16. Dxe6 Dg6 17. Sfd2 Tae8 18. Sxf6+ Txf6 19. Dc4 Kh8 20. La3 Tef8 21. Se4 T6f7 22. Da2 Se7 23. De2 h5 24. Tf1 Kg8 25. Lc1 Lh6 26. Le3 Sc8 27. c4 c6 28. bxc6 bxc6 29. Sc3 Tc7 30. Le4 De8 31. Dd2 Tg7 32. Kh1 Se7 33. Tab1 Sf5 34. Lg2 h4 35. g4 h3 36. Lxh3 Sh4 37. Lg2 Sxg2 38. Kxg2 d5 39. cxd5 cxd5 40. d4 De6 41. h3 e4 42. Tb5 Td7 43. Da2 Tfd8 44. Tfb1 Dc6 45. Tc5 1-0**

Sicher ließ sich das ganze zwischendurch abkürzen, aber mit einer ganzen Figur mehr spielte ich die Partie übervorsichtig zu Ende und geriet dabei sogar noch in Zeitnot - ein bisschen so wie Sämisch bei seiner berühmten Gewinnpartie gegen Capablanca in Karlsbad 1929.

5.1 Deutsche Meisterschaft

Eine der Besonderheiten im Betriebssport besteht darin, dass im Grunde für jeden Spieler die Möglichkeit zur Teilnahme an einer Deutschen Meisterschaft besteht, sofern er genügend Mitstreiter für eine komplette Mannschaft findet. Das Niveau ist dann auch nicht besonders hoch, wozu auch die verschärfte Bedenkzeitregelung von 90 min für 40 Züge und 30 min für den Rest beiträgt:

Sürig - Plötz, Hamburg 2004

1. d4 Sf6 2. c4 g6 3. Sc3 Lg7 4. e4 d6 5. Sf3 0-0 6. Le2 e5 7. d5 Sbd7 8. 0-0 Sc5 9. Dc2 a5 10. b3 Sfd7 11. Se1 f5 12. f3 Sf6 13. Le3 b6 14. a3 f4 15. Lf2 g5 16. Sd3 h5 17. b4 Sxd3 18. Dxd3 Tf7 19. c5 bxc5 20. bxc5 Lf8 21. cxd6 cxd6 22. Tfc1 g4

**23. fxg4 hxg4 24. Sb5 Th7 25. Tc3 La6 26. Dc2 Tb8 27. a4 Le7
28. Tc1 Df8 29. Sc7 Lxe2 30. Dxe2 Tb4 31. Se6 Dh6**

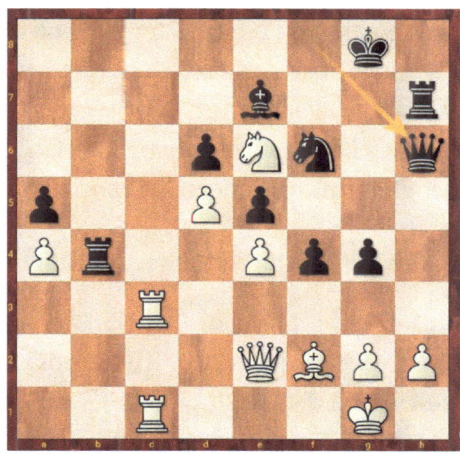

Schwarz hat eine ideale Aufstellung gefunden und steht auf Gewinn, nachdem Weiß die beste Verteidigung mit 32. h4 auslässt und nach 35. Da6 sogar ins Matt läuft, z.B. 35...fxg2+ 36. Kxg2 Dh3+ 37. Kh1 Sg3#. Die knappe Bedenkzeit sorgt aber auch hier wieder einmal für eine wundersame Rettung: **32. Tc8+ Kf7 33. Kf1 Sxe4 34. Lg1 f3 35. Da6 Sd2+ 36. Kf2 Se4+ 37. Kf1 Sd2+ 38. Kf2 Se4+ 39. Kf1 remis**

Nachdem ein weiterer Einsatz als Ersatzspieler ebenfalls mit einer Punkteteilung endete, konnte ich immerhin ungeschlagen aus diesem Wettbewerb auf nationaler Ebene hervorgehen, was auch nicht jedem vergönnt ist...

5.2 Aufstieg durch Fairplay

Auf Vereinsebene hatten wir uns inzwischen dank des Ehrgeizes eines weiteren Rückkehrers und einiger starker Jugendlicher von einer gemütlich im Tabellenmittelfeld spielenden Altherrenmannschaft in einen Aufstiegsaspiranten verwandelt. Der Sprung in die höchste Spielklasse des nördlichsten Bundeslandes glückte dann auch tatsächlich, wenn auch unter nicht alltäglichen Umständen:

Plötz - Erich, Bargteheide 2005

1. Sf3 Sf6 2. g3 d5 3. Lg2 e6 4. 0-0 Sbd7 5. d3 Ld6 6. Sbd2 0-0 7. e4 c6 8. Te1 e5 9. b3 Te8 10. Lb2 Db6 11. De2 Dc7 12. Sf1 dxe4 13. dxe4 Sc5 14. S3d2 Lg4 15. f3 Lh5 16. g4 Lg6 17. Sc4 Lf8 18. Tad1 b5 19. Sce3 Se6 20. Td2 Sf4 21. Dd1 Lb4 22. c3 Lc5 23. b4 Lb6 24. Dc2 Tad8 25. Ted1 Txd2 26. Dxd2 Dc8 27. Kh1 Td8 28. Dc2 Txd1 29. Dxd1 Dd7 30. Dxd7 Sxd7 31. Lc1 a5 32. Ld2 axb4 33. cxb4 Sd3 34. Sg3 Kf8 35. Lf1 Sf4 36. Sgf5 Lxf5 37. Sxf5 Se6 38. Kg2 Lc7 39. Kf2 g6 40. Sg3 Lb6+ 41. Le3 Ke7 42. Ld3 Sf4 43. Lc2 Sh3+ 44. Ke2 Sg1+ 45. Kf2 Sh3+ 46. Ke2 Sf4+ 47. Kd2 Lxe3+ 48. Kxe3 Sf8 49. Se2 Sxe2 50. Kxe2 Se6 51. Ke3 Sd4 52. Ld1 g5 53. a4 bxa4 54. Lxa4 Kd6 55. Ld1 f6 56. La4 Kc7 57. Ld1 Kb6 58. La4 Sb5 59. Kd3 Sd4 60. Ke3 c5 61. bxc5+ Kxc5 62. Ld1

Diese Stellung ist für Weiß zumindest schwierig zu spielen, aber bei gerade einmal zwei Minuten für den Rest der Partie aus praktischer Sicht völlig verloren. Da die Mannschaft von Schwarz zu diesem Zeitpunkt mit 3:4 zurücklag, versuchte mein Gegner natürlich erst einmal auf schachliche Weise zum Erfolg zu kommen:

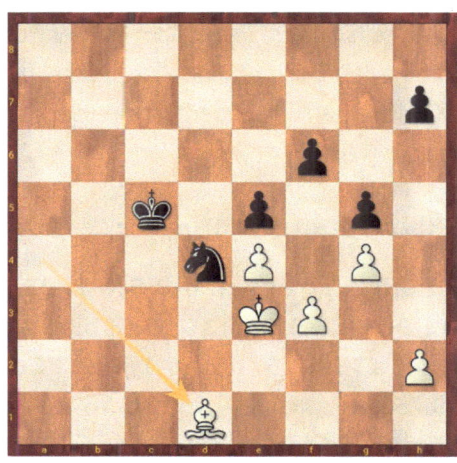

62...Sb5 63. Le2 Sd4 64. Ld1 Kb4 65. Kd2 Se6 66. Le2 Sf4 67. Lf1 Se6 68. Le2 Sd4 69. Ld1 Sb5 70. Le2 Sc3 71. Ld3 Kb3 72. La6 Sa4 73. Ld3 Sc5 74. Lb5 Kb4 75. Le2 Sb3+ 76. Ke3 Kc3 77. Lb5 Sd4 78. La6 remis

Nun hing das weiße Blättchen und alle Beteiligten hatten sich auf einen Stichkampf um den Aufstieg eingestellt. Mein Gegner hielt mir an dieser Stelle allerdings zur allgemeinen Verblüffung mit den Worten „So will ich nicht gewinnen" die Hand zum Remisangebot hin. Mir blieb nichts anderes übrig als anzunehmen und wir waren plötzlich in der Landesliga...

5.3 Wenn's am schönsten ist

Der ideale Zeitpunkt zum Aufhören ist bekanntlich schwer zu finden. In der ersten Saison in der Landesliga schafften wir problemlos den Klassenerhalt und ich holte mit 4,5 Punkten aus den ersten 6

Runden auch selber ein gutes Ergebnis. In der letzten Partie der Saison konnte ich eine lehrbuchmäßige Angriffsstellung aufbauen und ein typisches Opfer bringen, nachdem mein Gegner sich bis dahin solide verteidigt hatte:

Plötz - Scepanik, Bargteheide 2006

1. Sf3 c5 2. g3 Sf6 3. Lg2 d5 4. 0-0 Sc6 5. d3 e6 6. Sbd2 Le7 7. e4 Dc7 8. Te1 0-0 9. e5 Sd7 10. De2 b5 11. Sf1 a5 12. h4 Sb6 13. Lf4 a4 14. a3 b4 15. h5 h6 16. Se3 Ld7 17. Sg4 Kh7 18. Dd2 Th8 19. Sf6+ gxf6 20. exf6 Ld6 21. Lxh6 Tag8 22. Sg5+ Kxh6 23. Sxe6+ Lf4 24. Sxf4

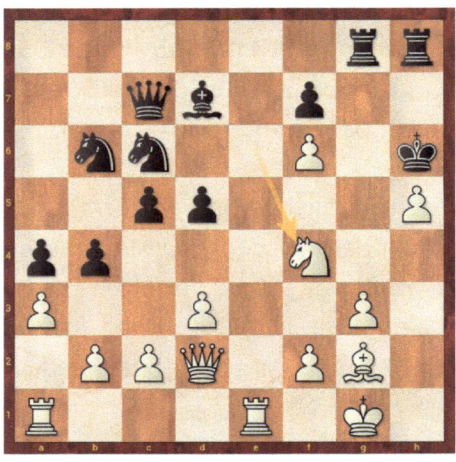

Der beste Zug an dieser Stelle ist 24...Tg5, den wir allerdings nicht einmal in der anschließenden Analyse fanden. Am Brett ist Schwarz dem nervlichen Druck nicht gewachsen und verliert schnell, nachdem er auf Kosten eines wichtigen Bauern die Fesselung verlässt: **24...Kh7 25. Sxd5 Sxd5 26. Le4+ Tg6 27. hxg6+ fxg6 28. Lxd5 Lh3 29. Dg5 Lf5 30. Dh4# 1-0**

Diese Partie wäre ein schöner Abschluss meiner aktiven Laufbahn gewesen, zumal die langen Schachsonntage allmählich sehr anstrengend wurden und zeitlich kaum noch mit meinem neuen Hobby, dem Marathonlauf, in Einklang zu bringen waren.

5.4 Wintersport

Eine meiner letzten Auswärtsfahrten führte uns mitten im norddeutschen Winter nach Flensburg. Unsere Anreise erfolgte nach langen Diskussionen zu gleichen Teilen mit der Bahn und dem Auto, diese Strategie der Risikostreuung brachte unserem Gegner allerdings vier kampflose Punkte ein. Die vier verbleibenden Partien entwickelten sich unspektakulär und die Hoffnung auf ein wundersames 4:4 war bald vorbei:

Dr. Meyer - Plötz, Flensburg 2007

1. d4 Sf6 2. Sf3 g6 3. g3 Lg7 4. Lg2 0-0 5. 0-0 d6 6. c4 Sbd7 7. Sc3 e5 8. e4 c6 9. h3 Db6 10. c5 dxc5 11. dxe5 Se8

Diese Spielverschärfung im Zentrum bringt Schwarz zwar manchmal einen vorübergehenden Mehrbauern, aber auch eine schwer zu spielende Stellung ein. Ich hatte hier nur eine ungefähre Ahnung vom richtigen Aufbau und man merkt der weiteren Partie irgendwie die merkwürdigen Begleitumstände an:

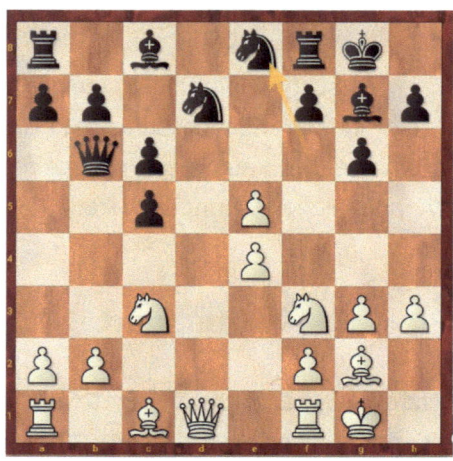

12. Lg5 Sc7 13. Le7 Te8 14. Ld6 Se6 15. Sa4 Da5 16. Tc1 Sd4 17. Sxd4 cxd4 18. f4 b5 19. Sc5 Sxc5 20. Lxc5 Dxa2 21. Dxd4 Le6 22. Tfd1 Da6 23. Ta1 Dc8 24. Txa7 Txa7 25. Lxa7 Lxh3 26. Kh2 remis

In der folgenden Saison stieg unsere Mannschaft dann sogar in die Oberliga auf, woran sich mein Anteil allerdings in Grenzen hielt. In meiner Studienzeit hatte ich noch auf entsprechende Einsätze in der ersten Mannschaft meines damaligen Vereins gehofft, aber nun war mir der zeitliche Aufwand für die Partievorbereitung und die noch weiteren Reisen endgültig zu hoch und ich ließ meine aktive Laufbahn mit ein paar Partien in der zweiten Mannschaft ausklingen.

Zu guter Letzt

Nachdem der geduldige Leser sich nun tapfer durch über zwei Dutzend mehr oder minder gewöhnlicher Partien gekämpft hat, bleibt nur noch die Frage nach einem Resümee. Ich habe nie ausgerechnet, wie viele Stunden meines Lebens ich insgesamt um und am Schachbrett verbracht habe, aber die Zusammenstellung der Partien zeigen mir einige Punkte noch einmal überdeutlich auf.

Zum einen natürlich, wie unglaublich anstrengend und auch frustrierend eine Partie manchmal sein kann. Nach fünf Stunden nervlicher und geistiger Anspannung durch einen einzigen Fehler alles zu verspielen, ist wohl in keiner anderen Sportart möglich. Aber man lernt halt auch die ein oder andere Lektion für das normale Leben.

Eine falsche Entscheidung zu treffen ist im Zweifel besser als gar nichts zu machen, denn im letzteren Fall geht die Partie definitiv durch Zeitüberschreitung verloren. Auch muss man mit allen Konsequenzen seiner Entscheidungen leben, denn auch bei schwierigen Begleitumständen wie z.B. einem unruhigen Spielort ist man letzten Endes einzig und allein selber für seine Züge verantwortlich.

Aber insgesamt ist und bleibt dieses Spiel auch nach über dreitausend Jahren immer noch faszinierend, weswegen ich auch in der einen oder anderen Form immer wieder darauf zurückkomme. Letzten Endes habe ich mich schließlich nur aufgrund äußerer Umstände vom aktiven Turniergeschehen verabschiedet - ganz loslassen wird mich dieses Spiel vermutlich nie.

Henstedt-Ulzburg, im Frühjahr 2021